COUP D'ŒIL

SUR L'AVÉNEMENT AU TRONE

DE

L'EMPEREUR NAPOLÉON III

Par ENCOGNÈRE,

neveu de Mme Fourneau, pensionnaire de S. M. la Reine Hortense,
et, plus t rd, de S. M. I. Napoléon III.

BORDEAUX

IMPRIMERIE GÉNÉRALE DE Mme CRUGY

rue et hôtel Saint-Siméon, 16.

—

1859

COUP D'ŒIL

SUR

L'AVÉNEMENT AU TRONE

DE

L'EMPEREUR NAPOLÉON III

———— ·⚹· ————

Vive l'Empereur ! C'est par ces mots que s'exprimait autrefois l'admiration de la France pour le génie qui l'éleva si haut par la gloire des armes et des beaux-arts ; c'est par ces mots que s'exprime encore aujourd'hui sa reconnaissance envers le Prince qui l'a sauvée de l'anarchie, en lui assurant un présent si heureux, un si brillant avenir !

La révolution de Février, en outrepassant les vœux des hommes sages, et en imposant au pays un gouvernement républicain, avait ouvert un large et libre champ aux folles entreprises des réformateurs. Une infime minorité s'empara du pouvoir ; son règne fut une longue saturnale. Partout des chants forcenés, de grossières harangues se font entendre ; des instincts brutaux bouillonnent et soulèvent ce limon impur.

Pourquoi la partie saine de la nation se laissa-t-elle enchaîner si fatalement ? Sans doute, il lui eût suffi de se lever, dans sa forte majorité, contre ce petit nombre de perturbateurs, pour les faire rentrer dans le néant. Pourquoi ?..... Décret mystérieux de la Providence ; quand sa main veut s'étendre sur un peuple, elle le frappe d'aveuglement, souvent même de terreur. D'ailleurs, n'en est-il pas d'une nation comme d'un homme ? Un bonheur durable peut-il s'acquérir sans de passagères épreuves ?

Quoi qu'il en soit, la France, surprise, effrayée, subit pendant plusieurs mois ce gouvernement désastreux.

Au milieu de ces agitations politiques, arrive l'époque des premières élections. Un nom, symbole d'ordre et d'autorité, brilla, et avec lui un commencement d'espoir et de confiance. Louis-Napoléon adresse aux électeurs sa profession de foi ; simple, digne, elle est accueillie avec enthousiasme, et plusieurs départements se disputent l'honneur de le choisir pour leur représentant à l'Assemblée Constituante. Ce mandat, dans des circonstances aussi difficiles, demandait, un esprit ferme, une âme généreuse. Toutes les paroles, tous les actes de Louis-Napoléon à la Chambre furent empreints de sagesse, de patriotisme.

Les funestes journées de Juin, en découvrant les imminents dangers de la société, firent rentrer le Pouvoir dans une voie moins périlleuse. L'autorité fut un peu plus concentrée, et la discussion du pacte constitutionnel s'ouvrit. Par un de ses articles, il fut statué que le Président de la République serait élu et investi pour quatre ans de la puissance exécutive.

Cette lueur d'espoir, ce germe de confiance, qui s'étaient manifestés à l'apparition de l'héritier de l'Empereur, grandirent à mesure que s'approcha le jour où la nation consultée devait choisir son chef. Louis-Napoléon, cédant aux vœux de son pays, fit paraître son manifeste et se plaça tout d'abord au premier rang des candidats.

La France, à cette voix auguste, sympathique, tressaillit tout entière. Déjà elle voyait renaître cette grande dynastie qu'elle avait tant bénie, qu'elle avait tant pleurée.

En vain des menées honteuses sont pratiquées, des scandales inouïs, des corruptions de toute espèce mis en œuvre; rien ne peut arrêter l'élan enthousiaste du peuple. *Six millions* de suffrages confirment à Louis-Napoléon la première magistrature de l'État.

Dès lors, le vaisseau social, battu par les flots révolutionnaires, se rassied plus paisible; une main ferme a pris le gouvernail; un génie supérieur préside à ses destinées. Sans doute, les entraves apportées par le régime représentatif à l'essor des grandes pensées, des vastes desseins du Président, ne lui permettront pas de réaliser encore tout le bien que la France en espère; qu'importe? Le peuple, appréciant la situation qui lui est faite, ne lui en témoignera pas moins toujours et partout un attachement inébranlable.

En effet, si Louis-Napoléon se plaît à récompenser le mérite, la vertu, à encourager les beaux-arts et l'industrie, à ranimer, enfin, tous les instincts nobles et généreux, et à détruire les folles et désastreuses utopies, partout aussi le peuple le salue de ses unanimes et sympathiques acclamations.

Tandis que ce pouvoir bienfaisant, issu des forces vives

de la nation, montait à l'horizon politique et répandait autour de lui une lumière douce et fécondante, l'anarchie, sortie du volcan révolutionnaire, s'enfonçait peu à peu dans l'ombre, après avoir fourni une sanglante et orageuse carrière. L'Assemblée Constituante, épuisée, défaillante, fit place à la Législative.

Ces élections montrèrent d'une manière évidente que le Prince et le peuple s'étaient parfaitement compris. Le titre le plus puissant à la confiance, au choix des électeurs, fut de seconder le gouvernement de Louis-Napoléon.

Tant d'ordre, tant de sagesse au sortir d'une catastrophe si terrible, ne pouvaient qu'irriter les factieux. Renverser ce gouvernement fut donc le but avoué de tous leurs efforts : aussi, pas de calomnies qu'ils n'inventassent chaque jour ; calomnies inutiles, insensées, car le peuple en fit bonne justice par sa croissante affection pour son Prince, et Louis-Napoléon par sa dédaigneuse indifférence. Cependant, les révolutionnaires voulaient un prétexte ; un événement glorieux le leur fournit, à leur honte et à leur défaite.

Pie IX, le pape tant béni du monde entier, venait de voir sa majesté méconnue, sa puissance brisée par les rénovateurs de la Jeune Italie. Obligé de fuir, il n'emportait dans l'exil que le trésor de ses vertus, et laissait Rome au pouvoir de quelques factieux. A cette nouvelle, le monde chrétien fut saisi d'une sainte indignation. Fille aînée de l'église, la France en ressentit une douleur profonde ; elle pria et pleura ; mais Louis-Napoléon ne se contente pas de ce deuil passif : une puissante expédition se prépare, et, malgré la violente opposition d'une certaine fraction de la

Chambre, l'armée française se présente devant Rome, l'assiége, la délivre. Ce beau fait d'armes, digne des plus glorieux jours de l'Empire, rétablit dans tout leur éclat la religion et l'autorité. Plus tard aussi, quand le pontife vénéré rentra dans la ville éternelle, le peuple romain, dans ses vivat d'amour et de reconnaissance, mêlait les noms augustes de Pie IX et de Napoléon.

Ce triomphe était un coup mortel pour les anarchistes de France. Une manifestation romaine s'organise et sillonne les rues de Paris. Les tribuns se rassemblent au Conservatoire des Arts et Métiers. Ils voudraient renouveler des jours néfastes; mais le Prince veille au salut de la société; il ne la laissera pas périr entre ses mains. Entouré d'hommes éminents et actifs, il fait rentrer dans la poudre cette multitude menaçante. Le danger passé, la justice eut son cours, et le pays fut purgé des plus redoutables perturbateurs.

L'anarchie, à peu près terrassée par ces deux défaites de Juin, n'ose porter ses regards et ses espérances vers une époque encore trop éloignée, et laisse goûter à la France une période de calme et de sécurité. Si, moins agités par les événements politiques qui nous emportaient alors dans leurs flots tumultueux, nous jetons un coup d'œil sur des faits moins éclatants, mais plus utiles, le génie de Napoléon, sa mission providentielle nous apparaîtront brillants de l'éclat le plus pur.

L'année 1850 est tout entière remplie par des actes d'une administration ferme et populaire, d'une législation sage et éclairée. Plus que jamais les efforts du Prince tendent à ramener la société dans sa voie véritable. Non content de préparer la grandeur de l'avenir, Napoléon veut encore assurer le bonheur du présent. Partout il veut s'entretenir avec son peuple, connaître ses besoins, s'inspirer de ses pensées, de ses vœux. Aussi, pas une occasion de se mêler dans ses rangs qu'il ne saisisse. Pour lui, c'est une fête de famille. Ici, c'est l'inauguration d'une voie ferrée qu'il préside ; là, c'est l'élite de l'industrie française qu'il félicite et récompense. Plus souvent, c'est toute une population ouvrière intelligente qu'il vient visiter. C'est là surtout qu'il est heureux de répandre ses plus affectueuses paroles, ses bienfaits les plus nombreux.

Le France, heureuse de ses soins intérieurs, voyait aussi son vieil honneur refleurir dans les difficiles affaires d'Orient. Un peuple ami, catholique, était venu réclamer sa protection ; elle ne pouvait pas rester indifférente à cette fraternelle demande. Une diplomatie noble et digne d'elle aborde franchement la question, et la termine aussi heureusement. En vain quelques puissances semblent prendre ombrage d'une marche si ouverte ; la Sublime-Porte connaît trop bien ses vrais amis pour ne pas accepter en entier les justes prétentions du Président.

Tous ces heureux résultats furent annoncés à la Législative dans le Message de cette année. Composée d'éléments hétérogènes, anarchiques, la Chambre, au lieu d'accueillir la gloire, la prospérité de la patrie par un vote de reconnaissance, s'irrite contre le Chef de l'État. La discussion s'envenime de plus en plus à mesure que s'avance l'époque où les pouvoirs présidentiels doivent expirer. L'anarchie se réveille, se recrute, se donne rendez-vous pour 1852.

Comme une pomme de discorde , la révision de la Constitution divise en deux camps opposés la Presse, les Conseils, l'Assemblée. La polémique, d'abord acerbe, devient bientôt injurieuse, menaçante. Alors, des rumeurs de sociétés secrètes, des bruits de coup d'État. Les alarmistes grossissent le mal en exagérant le danger.

Louis-Napoléon, lui, a foi dans l'avenir. Assez souvent le *Moniteur* cherche à dissiper les craintes, à ramener la confiance dans les esprits ; mais un malaise général, présage d'un grand changement, se fait sentir plus intense.

Une situation si précaire, si déplorable, ne pouvait durer plus longtemps. Le peuple manifestait hautement, par des vœux unanimes, son désir de voir réviser la Constitution. Ce désir si ardemment exprimé fut pour le Président comme une voix du ciel. Il sentit sa mission suprême, et résolut de sauver la France, déjà sur le penchant de sa ruine. La chose était solennelle. Aussi voulut-il d'abord se convaincre par lui-même que ces vœux étaient bien ceux du peuple, vrais, libres de toute passion de parti.

C'est dans ce but que fut entrepris le voyage de Lyon. Partout, les populations coururent au-devant du Prince, leur unique espérance. Ce ne fut qu'une suite d'ovations, de triomphes. Tous les hommes honnêtes, l'immense majorité du pays se regarda comme sauvée , dès que furent connues ces mémorables paroles du Président : « Soit que la France exige de moi abnégation ou persévérance, je serai toujours prêt à me dévouer au bonheur de la patrie. »

Le peuple, n'étant plus dans l'incertitude, n'eut plus de crainte, et vit s'avancer sans effroi la fatale date de 1852.

La Chambre, cependant, se réunissait après deux mois

de prorogation, et de plus en plus hostile au Chef de l'État, tandis que le pays lui témoignait le plus respectueux attachement, elle entra dans l'arène, tumultueuse, menaçante. Le Message du Président, plein de sagesse, de modération, le changement de Cabinet, et la nomination d'hommes les plus capables, les plus sympathiques, ne firent qu'envenimer les haines des partis.

Alors l'Assemblée, oubliant que l'esprit du peuple n'était pas avec elle, fut assez insensée pour s'attaquer corps à corps avec le Président.

Louis-Napoléon, élu par les suffrages unanimes de la nation, n'ignorait pas que son origine l'obligeait. Aussi, méprisant tout autre blâme que celui du peuple, il s'arme de ses pouvoirs, s'appuie sur sa valeureuse armée, dissout et chasse cette funeste représentation qui, depuis trois ans, enrayait toutes les affaires.

La démagogie, surprise, prévenue, n'eut pas le temps de s'organiser; partout où elle se lève, isolée, elle est aussitôt anéantie. Quelques parties du territoire sont effrayées par les atrocités des bandes insurrectionnelles; huit jours suffisent pour les en débarrasser complètement: Louis-Napoléon avait sauvé la France. L'heureuse influence de son génie, désormais libre de toute entrave, se fit aussitôt sentir, et le pays revint tout entier aux notions vraies du devoir, au respect dû à l'autorité et aux lois.

Quoi que puisse inventer l'esprit de parti contre cette heureuse révolution, l'histoire impartiale dira qu'elle fut la réalisation des vœux les plus ardents du pays. En effet, le peuple appelé à sanctionner le manifeste du 2 décembre, confirma ce coup d'État par *sept millions et demi* de suffrages. Quand plus imposante majorité accueillit-elle jamais aucun gouvernement? Quand plus grand peuple se choisit-il jamais un chef avec tant d'unanimité et d'enthousiasme ?

Louis-Napoléon, deux fois élu par la nation, se livra avec ardeur à la réédification des grands principes sociaux.

Une Constitution nouvelle, en harmonie avec les instincts de la nation, est élaborée, non plus par l'esprit turbulent et multiple d'une assemblée, mais par le génie calme et unique du Chef de l'État.

Chaque chose est ramenée à sa juste place. Désormais le Président dirigera seul les relations étrangères ; il ratifiera les traités de paix et de guerre. Comme il veut seul commander, il entend aussi être responsable de tous ses actes. Il commandera aux troupes de terre et de mer. Le pouvoir législatif redevient une de ses plus belles prérogatives ; il l'exercera avec le Conseil d'État, formé d'hommes spéciaux et éminemment capables. Les projets de lois sont adressés au Conseil, qui les élabore et les discute dans le calme de la raison.

Un Corps Législatif, élu par le suffrage universel, confirme par ses votes ces projets ainsi préparés, et leur donne force de loi ; au-dessus, un pouvoir pondérateur, le Sénat ; les membres inamovibles en sont nommés par le Président et choisis parmi ce qui a toujours attiré l'influence, le respect : les hautes fonctions, les talents supérieurs, la noblesse, les grands services rendus à la patrie.

Cette organisation, imitée presque entièrement de celle de l'an VIII, fonctionna aussitôt sans secousse, avec régularité, tant elle répondait aux vœux et aux besoins du pays. Dire tous les bienfaits que le peuple reçut de ce nouveau gouvernement, ce serait inscrire jour par jour tous ses décrets.

De même que les intérêts matériels, l'honneur national se relève. L'aigle plane de nouveau sur nos armées. Ce fut un beau jour que celui où les braves chefs de tous nos régiments vinrent recevoir ces nobles enseignes des mains du Président. Cet acte patriotique enorgueillit les Français. La patrie avait hâte de rejeter ce voile de deuil qui la couvrait depuis ses malheurs.

Cette année de laborieux efforts, de résultats si heureux, fut couronnée par un bien mémorable événement. Le pays avait soif de voir, d'acclamer son libérateur. Ce fut ce vœu, ce besoin qui décida le Prince à entreprendre son voyage dans le midi de la France. Plus encore que le premier, ce voyage fut une suite non interrompue de magnifiques ovations. Toutes les villes se parent comme pour les plus beaux jours de fête. Les populations rurales accourent, se pressent autour de Napoléon, et manifestent leurs transports de joie et de reconnaissance par les acclamations les plus significatives. Partout, les cris de *Vive l'Empereur !*

Le Prince revoit Lyon ; à un an d'intervalle, il s'était engagé de sauver la France. Sa présence au milieu de tant de bonheur n'était-elle pas le plus éloquent témoignage ? A Toulon, il se plaît à visiter les forts : c'était là que le génie de l'Empereur son oncle avait commencé à paraître ; lui-même, par ses justes appréciations, étonne les savants officiers du génie qui l'entourent.

Marseille, la cité antique, va bientôt recevoir dans ses

murs l'héritier de Napoléon le Grand. Parmi les prépara-
tifs de fêtes, de réjouissances, se tramait un odieux et exé-
crable attentat. Quelques hommes, indignes de ce nom,
avaient préparé une machine infernale qui devait donner la
mort au Prince. Mais la Providence veillait sur la France.
Le complot est découvert, les auteurs saisis, et Napoléon, toujours calme et bienveillant, fait son entrée
dans Marseille, aux cris mille fois répétés de *Vive
l'Empereur !*

A Toulouse, mêmes acclamations, mêmes réjouissances.

Bordeaux s'était parée avec sa riche élégance; ses vastes
places, ses larges rues ne pouvaient suffire à l'immense
concours du peuple. Louis-Napoléon y séjourna trois jours,
et y reçut l'accueil le plus sympathique, le plus brillant que
puisse attendre un souverain.

Pourquoi décrire les ovations des autres villes, Angou-
lême, Nantes? Ce ne serait que se répéter.

Enfin, après plus d'un mois d'absence, l'auguste voyageur
fait sa rentrée dans Paris, au milieu des vivat et des
acclamations de la grande cité qui sera bientôt la capitale
de l'Empire. Interprétant les desseins de la nation, et de-
vançant le vote du Sénat et la sanction du peuple, Paris
avait préparé à son sauveur un trône magnifique. Mais
Napoléon ne voulait tenir le pouvoir suprême que du peuple
entier. Il se tint debout, et prononça un discours où il
dépeignait en traits éloquents les douces émotions, les
pensées politiques que lui avait inspirées son brillant
voyage.

Une manifestation si solennelle, si unanime, le vœu de
la France si pressant, si positif, imposaient à Louis-Napo-

léon de grands et impérieux devoirs. Toujours prêt à se dévouer au bien public, il convoque le Sénat et lui soumet le projet de modifier la forme du gouvernement. Ce changement désiré, nécessaire, doit donner plus de stabilité au pouvoir, au pays plus de sécurité. Le Sénat se montra à la hauteur de sa mission, il discuta et vota religieusement. Son décret fut la véritable expression de la volonté nationale ; tel en fut le sens : « La dignité impériale est rétablie en faveur de Louis-Napoléon, et passera après lui à ses descendants, en ligne droite ou par adoption. »

Napoléon, toujours scrupuleux sur la légitimité de son pouvoir, voulut que le suffrage populaire sanctionnât encore ce sénatus-consulte, et que le Corps Législatif constatât le résultat des élections. Plus de *huit millions* de votes furent affirmatifs. Alors le Prince Président monta sur le trône, et prit le nom de NAPOLÉON III.

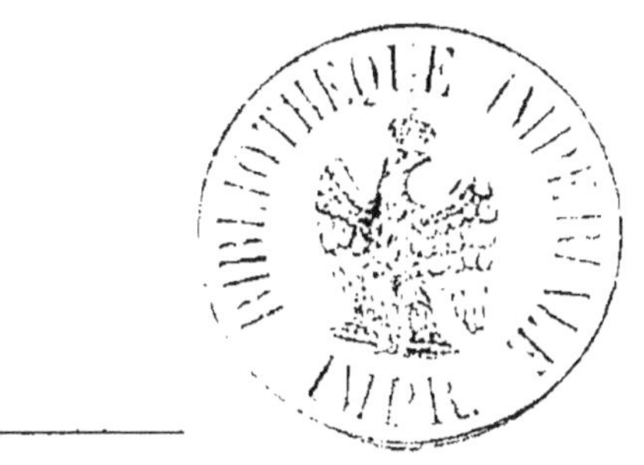